BARBARIE,

EMPIRE DE MAROC (1).

Les États de Maroc sont formés par la réunion de plusieurs petits royaumes, entre lesquels régnoit autrefois une division continuelle. Subjugués et réunis par les schérifs, ils ne reconnoissent plus aujourd'hui qu'un seul souverain. *Maroc, Sus, Tafilet, Fez, Tarudant, Tremecen* étoient les principaux de ces royaumes. Le dernier, conquis par les Algériens, a été réuni à leur régence.

Parmi les villes de l'Empire situées le long de la Méditerranée, on distingue *Tétuan*, à peu de distance des côtes ; *Ceuta* et *Tanger* sur le détroit de Gibraltar. *Larache, Salé, Azamore, Safi, Mogodor* et *Sainte-Croix* appartiennent aux côtes de l'Océan. *Maroc*, capitale de l'Empire, est située à vingt lieues des bords de la Méditerranée ; elle est bâtie au milieu d'une belle plaine, à sept lieues du mont Atlas. Cette ville, qui pouvoit autrefois contenir trois cent mille âmes, n'en renferme aujourd'hui que vingt mille. Dévastée lors des révolutions qui précédèrent le règne de Muley-Ismaël, elle n'offre que de misérables habitations et des ruines amoncelées. Outre Maroc, on remarque dans l'intérieur des terres *Fez*, capitale du royaume de même nom, *Miquenez* et *Alcaçar-Quiou*.

L'Empire de Maroc est habité par trois peuples principaux. Les *Bérébères,* les *Maures* et les *Arabes*. Les premiers, habitans des montagnes, ont toute la rudesse et l'ignorance des peuples sauvages. Peu instruits dans la religion de Mahomet, ils n'observent point fidélement les pratiques qu'elle prescrit, et ils ne se font aucun scrupule de boire du vin et de manger du sanglier ; cependant ils ont adopté toute l'intolérance religieuse qui caractérise les sectateurs de l'Islamisme.

Isolés au sein de leurs solitaires retraites, les Bérébères y mènent une vie sauvage, qui, en développant la force de leur corps, accroît leur férocité. Ennemis des Maures et des Arabes, qu'ils regardent comme des usurpateurs, ils n'entretiennent que peu de commerce avec eux, et plus d'une fois ils ont fait trembler l'empereur, lorsque, conjurés contre son despotisme, ils descendent de leurs montagnes, les armes à la main. Les Bérébères ont une langue particulière, et ils ne s'allient qu'entre eux.

(1) Relativement à l'Empire de Maroc, nous avons puisé la plupart de nos matériaux dans l'excellent ouvrage intitulé : *Recherches sur les Maures, et Histoire de l'Empire de Maroc, par Chénier.*

Les habitans Maures et Arabes doivent être divisés en deux classes; les uns, demeurant sous des tentes, habitent les campagnes, les autres sont répandus dans les villes.

Les premiers peuvent être comparés aux Arabes nomades ; comme eux, ils mènent une vie errante, et placent toutes leurs ressources dans l'éducation des bestiaux. Leurs campemens, appellés *douhars*, sont composés de plusieurs tentes disposées en croissant, quelquefois elles sont établies sur deux lignes parallèles. Leurs troupeaux, au retour du pâturage, occupent le centre du campement, dont l'entrée est gardée par une troupe de chiens. Chaque douhar a un chef subordonné à un officier, qui a sous son administration un certain nombre de campemens. Plusieurs de ces divisions sont réunies sous le gouvernement d'un pacha.

Les tentes des Maures sont d'une forme conique : elles ont huit à dix pieds de hauteur dans leur centre, sur vingt-cinq à trente pieds de longueur ; leur forme imite celle d'un bateau renversé. Elles sont formées d'une étoffe grossière tissue de poil de chèvre ou de chameau, et de feuilles de palmier.

La vie que mènent ces Maures nous retrace la simplicité des premiers âges du monde. Ils trouvent dans leurs terres, le lait, la chair et la toison de leurs troupeaux, tout ce qui est nécessaire pour leur nourriture et leur vêtement.

Deux haïques ou longues pièces d'étoffe, de cinq aunes de large sur une aune et demi de long, l'une pour l'hiver, et l'autre d'un tissu plus léger pour l'été, une cape, une calotte rouge et une paire de pantoufles, constituent l'habillement du Maure nomade. Celui des femmes consiste aussi dans un. Lorsqu'elles s'attachent par une ceinture, elles portent des bracelets, des bagues, des colliers de grains de verre et de clous de girofles enfilés par un cordon de soie, et se tatouent à la manière des peuples sauvages. Les femmes de la campagne ne portent point de voile; aussi leur teint est-il très-hâlé ; dans quelques cantons elles mettent du rouge, et teignent leurs cheveux et le bout de leurs doigts avec le henné.

Les Maures de la campagne prennent généralement plusieurs femmes; elles sont accablées des travaux les plus pénibles, et dans quelques cantons on les voit, à la honte de l'humanité, tirer la charrue, attelées à côté d'un âne ou d'un mulet.

Dans chaque douhar est une tente destinée aux voyageurs, et qui sert pour ainsi dire d'hôtellerie ; ils y sont reçus avec hospitalité ; les Maures de la campagne sont responsables des vols qui se commettent pendant le jour à la vue de leurs tentes; aussi le voyageur évite-t-il de poursuivre sa route après le coucher du soleil.

Les Maures des villes se distinguent des habitans de la campagne par des mœurs un peu moins sauvages; vivant sous l'œil inquiet du despotisme, et sans cesse exposés aux exactions et à l'avidité du prince et de ses ministres , ils déguisent leur aisance ou leur richesse sous l'apparence de la pauvreté.

Le Maure est en général maigre et d'une taille assez élevée ; il a de beaux yeux et de belles dents , mais sa physionomie est sans expression, et l'on y remarque une teinte de mélancolie et de tristesse habituelle. Il est avide , rusé, et à la souplesse de l'esprit joint la pénétration. Les Maures ne connaissent ni l'amitié, ni l'estime, ni la confiance, ils n'éprouvent que des passions féroces , et possèdent la dissimulation nécessaire pour les déguiser. Parmi eux, le fils craint son père, le père redoute son fils, la haine , la crainte, l'envie règnent sans cesse dans leur cœur. Le Maure doit le caractère odieux qui le distingue à l'influence du despotisme sous lequel il gémit ; sous un gouvernement soupçonneux, avide, cruel et sans foi, il a pris le caractère d'un esclave féroce et perfide.

Cependant, au milieu de cette dégradation morale, le Maure possède des qualités que l'Européen a rarement eu partage ; c'est la résignation et la constance avec laquelle il supporte le malheur; les pertes et les souffrances ne peuvent lui arracher une seule plainte , et il se soumet sans murmure aux décrets de la Providence.

Le gouvernement de Maroc est le plus absolu que l'on connoisse; le peuple n'a d'autre loi que les ordres du despote, et d'autres mœurs que son exemple. Dans cet Empire , un individu n'a rien qui soit à lui, pas même son opinion et son existence; le prince peut le dépouiller de tout ce qu'il possède, et même le priver de la vie sans aucune forme de procès. La richesse est un crime que le souverain punit au gré de son avidité. Les agens du prince n'en reçoivent aucuns émolumens ; les frais de leurs voyages , leurs déboursés mêmes, sont à leur charge , mais il leur est permis de s'en dédommager aux dépens du peuple. Les audiences publiques que donne le souverain mettent seules quelques bornes à la corruption et à la vénalité qui résulte d'un tel ordre de choses.

L'empereur rend justice en personne; il siége ordinairement deux fois par semaine , et quelquefois quatre fois, dans une place publique ; il est à cheval, et à l'ombre d'un parasol, entouré de ses principaux officiers. Tous ses sujets , sans distinction, peuvent porter à ses pieds leurs plaintes ou leurs représentations. Ses décisions et ses jugemens sont exécutés en sa présence. Il ordonne au premier venu de trancher la tête du coupable ou de lui couper les mains , et il est à l'instant obéi ; quelquefois il se charge lui-même de ces exécutions. On assure que Muley-Ismaël, l'un des princes les plus sanguinaires qui ait existé, tua de sa main quarante mille de ses sujets. Le vol à Maroc n'est jamais puni de mort : on coupe la main ou le pied aux voleurs de grands chemin. Le Maure supporte la douleur de cette opération avec une constance admirable. On a vu des coupables qui , renvoyés de suite , ramassoient à terre leur main amputée et se mettoient à courir. Les bachas, les principaux officiers de l'Empire sont également exposés à perdre la vie par les ordres du souverain, et leur condamnation se fait sans plus de formalité que celle du dernier des Maures. Pendant ces audiences, il reçoit les courriers, se fait rendre compte des dépêches, et donne ses ordres aux divers officiers qui l'entourent.

Il n'y a point de noblesse héréditaire parmi les Maures; ils n'admettent d'autre distinction que celle qui résulte des dignités et des fonctions publiques.

La cour de Maroc est dénuée de cette magnificence qui éclate ordinairement dans les séjours des souverains. L'empereur n'est distingué de ses courtisans que parce qu'il est à cheval, et à l'abri d'un parasol, symbole de la souveraineté dans cette contrée. Quand il voyage, il marche sans pompe, et lorsque dans les jours de cérémonie il donne une audience publique, son cortége est plus nombreux que brillant. La dépense particulière de l'empereur se réduit à très-peu de chose ; sa table est servie avec simplicité ; il récompense ses esclaves avec des commissions lucratives ; ses domestiques sont habillés tous les ans par des tailleurs juifs, forcés de travailler gratuitement pour le prince ; corvée que toutes les professions sont d'ailleurs obligées de partager.

Il y a dans le palais une garde uniquement composée de femmes ; elles ont des commandantes nommées *harrifa*. On les expédie dans les provinces pour mettre à la torture les femmes des grands qui ont été arrêtés, et les obliger à déclarer le lieu où leurs maris ont caché les trésors qu'ils possédoient. On dit qu'elles exécutent leurs ordres avec rigueur, et même avec cruauté.

Les femmes de l'empereur sont ordinairement des princesses ou des filles de schérifs, de gouverneurs de provinces, et même de particuliers aisés. Les dépenses occasionnées par leur entretien sont peu considérables. On donne le titre de *grande-reine* à celle de ces femmes qui, par sa primauté, a la préséance sur les autres.

Il n'existe à Maroc aucune loi relative à la succession de l'Empire. Le trône doit être dévolu, selon l'opinion des Maures, à l'aîné des fils ; mais cet ordre de choses est souvent interverti par l'intrigue ou par la force.

Le nom de *mort* n'est jamais prononcé devant l'empereur de Maroc. Pour annoncer à ce prince qu'une personne a cessé de vivre, on se sert d'une périphrase : on lui dit, par exemple, que tel de ses esclaves *a rempli sa destinée.*

Il serait inutile de nous étendre ici sur la religion des Maures. Ce que nous avons dit des Turcs à cet égard peut s'appliquer, à quelque nuances près, aux Barbaresques. Nous nous bornerons à décrire la manière dont ils célèbrent les fêtes du *Beyram.*

L'empereur, accompagné d'un cortége nombreux, se rend dans une plaine, à peu de distance de la ville. Là, il descend de cheval, et de sa propre main égorge deux béliers qu'il envoie au palais. Pendant le sacrifice, une musique bruyante fait retentir l'air et se joint aux acclamations du peuple. De semblables sacrifices ont lieu chez les particuliers. (*V. la Planche.*)

Les Maures ont la plus grande vénération pour ceux d'entre eux qui meurent en odeur de sainteté. On les enterre avec beaucoup de solennités, et sur le lieu de leur sépulture on élève un oratoire. Cet endroit devient plus sacré que la mosquée même. Un coupable, quelque grand que soit son crime, y trouve un refuge assuré, et l'empereur lui-même, qui ne se fait aucun scrupule de violer toutes les lois lorsqu'elles gênent son autorité, respecte le privilége des sanctuaires. Lorsqu'un Musulman éprouve le poids de l'adversité, il va dans l'oratoire le plus proche de sa demeure demander à Dieu les grâces dont il a besoin, et il retourne chez lui plein d'espérance.

Il y a deux espèces de saints en Barbarie ; les plus révérés sont ceux qui, par de fréquentes ablutions, des prières ferventes et d'autres pratiques de piété ont acquis une réputation extraordinaire de sainteté. Les idiots et les fous, ou ceux qui affectent de l'être, forment la seconde classe de saints. Les Musulmans sont persuadés que ces êtres malheureux sont sous la protection immédiate de Dieu, et à Maroc il y aurait moins de danger à faire une insulte à l'empereur qu'à mettre en courroux un de ces prétendus saints. Ils profitent de la vénération qu'ils inspirent pour commettre impunément toutes sortes de crimes. L'amusement ordinaire de l'un d'eux étoit de blesser et même de tuer les personnes qui se trouvaient sur son passage. Choisissant le moment où elles faisoient leur prière, il leur passait une corde autour du cou et les étrangloit. On rencontre souvent dans les Etats de Maroc des montagnards ambulans qui se disent les favoris de Mahomet, et qui prétendent être à l'abri des atteintes des bêtes venimeuses. Quelques-uns d'entre eux, désignés par le nom de *Sidinasir* ou mangeurs de serpens, ont beaucoup de ressemblance avec les psilles de l'Egypte, et, comme eux, ils mangent des serpens vivans.

LE BILÉDULGERID (1).

Le *Biledulgérid* ou *Pays de Dattes* répond à l'ancienne Getulie. Il est situé au sud du mont Atlas, et a environ cent lieues de large sur mille de longueur. Cette contrée est habitée par un peuple nommé *Mosselmis*, qui diffère des Maures par ses mœurs, et sur-tout par la nature de son gouvernement, qui est républicain. Animés par l'amour de

---

(1) Nous avons rédigé en grande partie cette notice d'après les notions sur le Bilédulgerid insérées dans le Voyage de M. *Follies.*

de la liberté, les Mosselmis ont su se soustráire au joug de l'empereur de Maroc, et dans les guerres continuelles qu'ils ont soutenu contre ce prince ils ont presque toujours eu l'avantage.

On trouve dans le Bilédulgerid beaucoup de Maures fugitifs qui y sont venus chercher un abri contre l'insatiable avidité de leur souverain. Ces fugitifs ne peuvent porter des armes qu'en campagne et en temps de guerre.

Plus riches qu'aucun des peuples soumis à l'empire de Maroc, les Mosselmis sont toujours bien vêtus et bien armés ; ils ne paient aucun tribut à l'Etat, excepté en temps de guerre, et ils jouissent sans crainte et sans inquiétude du fruit de leurs travaux. Placés entre les Etats de Maroc et les déserts du Sahâra, ils font un commerce lucratif avec les habitans de ces contrées. — Le Bilédulgerid est en général assez bien cultivé, et il produit une très-grande quantité de dattes. — Les Mosselmis habitent des bourgades ordinairement situées sur le penchant des montagnes. Leurs maisons, bâties en terre et en pierres, sont couvertes en terrasses. Les pluies abondantes qui ont lieu pendant trois mois de l'année détruisent promptement ces demeures, et tous les quinze ou vingt ans on est obligé de les rebâtir.

Tous les ans, les Bilédulgériens se choisissent de nouveaux chefs. En temps de guerre, ils sont pris indistinctement parmi les Maures réfugiés ou parmi les Mosselmis. Le mérite décide du choix. Leur autorité cesse avec la campagne, mais elle est absolue pendant tout le temps du commandement ; l'expédition terminée, ils rendent compte de leurs actions aux vieillards assemblés, et ne sont récompensés ou punis selon la nature et les résultats de leur conduite. Si la guerre continue, et que leur mérite soit reconnu supérieur, on les continue dans le commandement, sinon ils rentrent dans la classe des simples particuliers.

Au Bilédulgérid, les femmes sont beaucoup plus heureuses que dans l'Empire de Maroc. Quoiqu'elles aient des demeures séparées, il est permis de les visiter sans que le mari en soit jaloux. Elles peuvent parcourir la ville et même se promener dans ses environs. Ainsi que les femmes du Sahâra, elles ont la coutume de se peindre les joues de diverses couleurs, sur-tout en rouge et en jaune. Celles qui n'ont point de communication avec les hommes ne se peignent qu'un seul côté de la figure.

Comme tous les Mahométans, les Mosselmis ont pour le prophète une grande vénération, mais ils ne croient pas à son infaillibilité, et loin de regarder comme une loi sacrée la volonté de ses descendans, ils ne pensent pas même qu'ils soient inspirés par Dieu. Les Mosselmis admettent un chef général de leur religion, et ils ont pour lui un respect qui approche de l'adoration. Sans Etats, sans titre, sans troupes, cet homme est peut-être le plus puissant de toute l'Afrique, et l'empereur de Maroc n'a jamais osé attenter à son pouvoir, ni faire marcher ses troupes , même en temps de guerre , vers le lieu qu'il habite. Son crédit s'étend jusque sur les habitans du Sahâra ; il est l'arbitre de toutes les contestations , et son pouvoir, fondé sur l'amour et la vénération des peuples , égale sa sagesse.

La manière dont les habitans du Bilédulgerid chassent les autruches est très-remarquable. Une troupe de chasseurs, montés sur des chevaux du désert , marchent contre le vent, en suivant les traces des autruches, jusqu'à ce qu'ils aient découvert un de ces animaux ; alors ils le poursuivent de toute la vîtesse de leurs chevaux, en se tenant à une petite distance les uns des autres. L'autruche, fatiguée de courir contre le vent, qui s'engouffre dans ses ailes , se retourne pour changer la direction de sa course rapide. Elle essaie de traverser la ligne des chasseurs ; mais ceux-ci l'entourent et tirent sur elle jusqu'à ce qu'elle succombe. L'autruche, par sa vitesse, dépasse les animaux les plus agiles, et sans cette ruse on ne pourrait l'atteindre. (*V. la Planche.*)

ALGER, TUNIS (1), TRIPOLY.

Après avoir décrit les mœurs des habitans de Maroc, il ne reste que peu de chose à dire des autres nations barbaresques. Cependant il faut avouer que les Tunisiens se distinguent de leurs voisins par des mœurs plus douces et plus polies. Ils s'occupent aussi davantage à faire fleurir leur commerce et leurs manufactures.

Beaucoup plus fiers et plus insolens que les Tunisiens, les Algériens ont aussi des mœurs plus dépravées, leur avidité et leur avarice sont extrêmes.

Nous décrirons ici, d'après M. Poiret (2), les cérémonies qui accompagnent les funérailles d'un montagnard de la Barbarie.

Dès que le Maure a rendu le dernier soupir, on le lave, et après l'avoir enveloppé d'un linceuil de toile blanche, on le place sur un brancard, et on le transporte sur un cheval au lieu de la sépulture ; ses parens et ses amis l'accompagnent. Pendant que les hommes s'occupent à creuser la fosse, les femmes, accroupies en rond autour du cadavre, le touchent, le découvrent, et puis s'entretiennent entre elles avec beaucoup d'indifférence; mais par intervalles elles interrompent leur conversation pour pousser de longs gémissemens, interroger le cadavre, l'engager par les plus fortes instances à revenir de nouveau habiter parmi elles. *Pourquoi, lui disent-elles, nous as-tu quittés? n'étois-tu pas bien avec*

(1) Nous avons représenté sur une planche de ce recueil l'intérieur du bazar ou marché de Tunis. Cette vue a été gravée d'après un dessin fait sur les lieux.

(2) M. *Poiret,* botaniste distingué, est auteur d'un Voyage en Barbarie; il a particulièrement visité les Etats d'Alger et de Tunis.

nous ? ne t'apprêtions-nous pas bien le couscouçon ? Hélas! tes enfans ne te verront donc plus ? Ils avoient tant de plaisir à te posséder! à présent ils ne savent que gémir et pleurer. Ah ! ah! reviens avec nous, rien ne te manquera ; mais tu ne nous écoutes plus, tu n'entends plus nos soupirs. Ces tristes lamentations seroient bien propres à toucher l'âme du spectateur, si l'on ne voyait pas ces mêmes femmes interrompre de temps en temps l'expression de la plus profonde douleur pour causer et rire entre elles.

Pendant ces tendres reproches elles s'arrachent les cheveux, s'ouvrent, avec les ongles, les veines des tempes ; le sang coule avec leurs larmes, et offre le spectacle du plus grand désespoir. La fosse achevée, on place le cadavre sur le côté, la face tournée vers l'orient. Un prêtre lui met entre les mains un billet pour le recommander à Mahomet; l'on forme ensuite au-dessus du corps une espèce de voûte avec des branches d'arbres, afin que la terre ne le touche pas; quand la fosse est recouverte de terre, l'on met par-dessus de nouvelles branches d'arbres et une quantité de très-grosses pierres pour empêcher les bêtes féroces de venir dévorer le cadavre : on plante aussi sur la fosse une espèce de pavillon funèbre. C'est ordinairement un lambeau des vêtemens du mort, placé au bout d'un bâton ; la cérémonie achevée, chacun se retire tranquillement chez soi.

Les proches parens et les amis du défunt viennent de temps en temps visiter sa tombe; ils enlèvent quelques pierres, le déterrent en partie, et lorsque l'infection du cadavre leur persuade qu'il est effectivement privé de la vie, ils recommencent leurs larmes et leurs lamentations. A chaque jour de fête, les Maures viennent en troupe pleurer sur la tombe des morts.

Une des quatre planches relatives à la Barbarie représente la manière dont on chasse le lion et la panthère dans les Etats de Tunis, d'Alger, etc. On attache un taureau ou quelque autre animal à un arbre dans les endroits fréquentés par ces bêtes féroces. Le lion paroît, il s'élance sur l'animal tremblant, mais le chasseur, caché dans une cabane de feuillage, lâche son coup en ce moment ; le lion blessé abandonne sa proie et cherche en rugissant de fureur celui qui l'a atteint. L'Africain se garde bien de sortir de sa retraite ; il attend que l'animal se soit retiré, et qu'épuisé par la perte de son sang il n'ait plus le pouvoir de lui nuire.

Fête du Beyram à Maroc.

Bazar de Tunis.

Chasse de l'autruche au Bilédulgerid.

Chasse au Lion dans la barbarie.